谨以此书献给所有读者，感谢你们给予我反馈，
是你们激励我继续前行。

新加坡 高效学习法

学会有效备考

[新加坡] 张郁之 / 著·绘　廖 丽 / 译

天地出版社　TIANDI PRESS

图书在版编目（CIP）数据

学会有效备考 /（新加坡）张郁之著绘；廖丽译. —成都：天地出版社，2024.4
（高效学习法）
ISBN 978-7-5455-7963-5

Ⅰ.①学… Ⅱ.①张…②廖… Ⅲ.①学习方法—青少年读物 Ⅳ.①G791-49

中国国家版本馆CIP数据核字（2023）第195247号

First published in Singapore by Armour Publishing.
The simplified Chinese translation rights arranged through Rightol Media
(本中文简体版权经由锐拓传媒旗下小锐取得Email:copyright@rightol.com)

著作权登记号　图进字：21-2017-468

XUE HUI YOUXIAO BEIKAO
学会有效备考

出 品 人	杨　政	责任校对	卢　霞
总 策 划	陈　德	美术设计	霍笛文
著 绘 者	［新加坡］张郁之	排版制作	书情文化
译　　者	廖　丽	营销编辑	魏　武
策划编辑	李婷婷	责任印制	刘　元　葛红梅
责任编辑	罗　艳		

出版发行　天地出版社
　　　　　（成都市锦江区三色路238号　邮政编码:610023）
　　　　　（北京市方庄芳群园3区3号　邮政编码:100078）
网　　址　http://www.tiandiph.com
电子邮箱　tianditg@163.com
总 经 销　新华文轩出版传媒股份有限公司

印　　刷　北京文昌阁彩色印刷有限责任公司
版　　次　2024年4月第1版
印　　次　2024年4月第1次印刷
开　　本　889mm×1194mm 1/32
印　　张　18.25
字　　数　370千字
定　　价　100.00元（全4册）
书　　号　ISBN 978-7-5455-7963-5

版权所有◆违者必究
咨询电话：（028）86361282（总编室）
购书热线：（010）67693207（市场部）

如有印装错误，请与本社联系调换。

目 录

001 前　言

003 导　读

009 第一章
掌握基本
应试技能

039 第二章
深度理解
所学内容

059 第三章
学会练习
与运用

069 第四章
正确检验
学习成效

091 第五章
充分备考得高分

113 后　记

117 参考书目

119 索　引

121 致　谢

前言

    这是一本让人读来备感轻松愉快的书。郁之在书中介绍了简单实用的应试技巧，为了让书里的内容读来更有趣，他还精心创作了大量具有浓郁个人特色的插图，相信学生们都会喜欢，都能用得上。

    这本书用 5 个章节，从 5 个方面展示了作者对考高分这个主题的深刻见解，也涵盖了作者想要传授给考生的考试诀窍，以帮助考生在考场上取得优异的成绩。

    我之所以喜欢这本书，是因为它强调了考试技巧对考高分的重要作用。例如，在第一章中，作者告诉学生，"听见"（被动）和"倾听"（主动）的区别，并指出妨碍学生在课堂上积极倾听的各种不良习惯。这些见解独到深刻，方法简单实用，能让大家明白，在课堂上要尽可能多地去"倾听"，而不仅仅是"听着"。这样，学生就能从课堂学习中收获更多。可见，郁之是在不遗余力地帮助学生考得更好。

另外，他还提供了大量有效的方法和小工具来帮助学生系统地提升考试技能，如设计成绩评估表以及倒计时日历，可以帮助学生将备考期间的复习计划详细地列出来。这些都是学习过程中非常重要的辅助工具，很明显，也是郁之深刻理解考试过程后总结出来的经验之谈，能帮助学生在学习过程中无畏挑战、快速进步。

郁之将这本书的创作源起提炼为 3 个最基本、最关键的值得每一个学生反省的问题，并以实用有趣、引人入胜的方式来解读它们。对于所有终将走进考场的学生来说，这是一本必读书，你们的需求、你们的关注以及面临的挑战，它都有涉及，并提供了解决方法。

祝你们成功！

乔纳森·林（Jonathan Lim）
新加坡国立大学商学院教授
《考出好成绩》作者

导读

"我已经如此努力地复习了,为什么还是不知道怎么回答这些问题?"

"我也是!反复练习了那么多次,还是没能在规定的时间内完成所有题目。"

"我更糟!我花了那么多时间来复习,甚至熬夜,但还是考不好。"

这些抱怨你是不是也常常听见?只要我们学习了,不管是掌握技能还是学习知识,总会面临不同形式的考试。可以说,各种级别的考试是我们学习、生活不可分割的一部分。不管你想考什么类别的证书,音乐、驾照、金

生活的重要组成部分①

---

① 本书所有图片中的英文的释义,详见文末《索引》。

融，或是其他领域，都得通过考试。可以说，没人能绕开考试。

但是，考试到底是什么？考试为什么会让人们如此烦恼呢？

《牛津英语词典》给"考试"所下的定义是："对一个人的知识或技能的掌握程度的正式测试。"

所以，为了通过考试，学生需要理解备考学科的知识并反复练习相应的习题。有压力是很正常的，无论我们是否做足了准备。如果准备得不充分，那毫无疑问，我们承受的考试压力将更大。

为测验或考试做准备是一项艰巨的任务，既有知识准备的部分——认真复习考试资料、好好练习各类试题；也有身体准备的部分——好好吃饭、充分休息、调适好身体状态。按计划表的安排来执行最好不过，相信足以应对考试。

对于国家级考试来说，做足知识、身体的双重准备是十分必要的。在为期两三周的考试期间，试卷可能一天一张或者隔天一张地发到我们手里，要求我们快速而准确地解答，这对我们的身心而言，的确是不小的挑战。

事实上，为考试做准备

疼爱孩子的母亲

并不只是学生一个人的事情,往往牵连着所有的家庭成员。据说,有学生在备考期间,全家人都参与进来为其提供精神及物质方面的支持。即使没有全家总动员,疼爱孩子的妈妈们也往往会为孩子精心准备健康又营养的食物。

有的学生为了考出好成绩,拼命地复习,尽可能让自己准备得更好,可到头来付出的努力并没能得到对等的回报。而另一些学生的复习状态则显得轻松得多——奇怪的是,他们最终却名列前茅。后者究竟是如何做到的?

当然不是因为他们天赋异禀,比别的孩子更聪明,很可能是因为他们使用了一套简单有效的学习方法来复习。关于学习方法的探讨,感兴趣的读者可以阅读本系列的另一本书《用对学习方法》,里面详细地介绍了有效学习和复习的方法。

《用对学习方法》这本书出版之后,热心的读者纷纷来信询问怎么做才能提高自己的测验或考试成绩。为此,应大家的要求,我编写了本书。

在这本书里,我将指出学生在复习备考及考试过程中可能面临的各种问题。问题虽然存在,但只要方法正确,就能轻松解决。接下来,我们就一起来看看如何将技巧和内容有机结合起来吧。掌握了这些之后,我们还需要记住考试方法和窍门,我称之为"考试增效剂"。

用这些方法和窍门进行武装，我们就可以顺利地完成测验或考试了。不过，并不是考完就完事了。测验或考试结束后，我们还需要完成一项重要的工作，那就是对成绩进行评估。

你表现得如何？哪些题目发挥正常，哪些发挥失常？以下这些指导性问题可以帮助你进行客观的评估：

·我取得了预期的成绩吗？

·如果取得了，那我采用了哪些学习或复习方法？还能优化吗？

·如果没有取得，那在哪些题型上发挥失常了？复习阶段的哪些准备工作是无效的、必须要改进的？

通过评估，我们会更清楚自己采用的学习方法是否有效，并根据考试结果做出适当的改进。请记住，学习是一场没有终点的旅行，我们是不同的个体，对你起作用的方法，对他人却很可能行不通，需要不断实践、不断优化。

美国职业橄榄球运动员及教练员文森特·托马斯·隆巴迪(1913—1970)被认为是美国职业橄榄球大联盟(NFL)史上最好、最成功的教练员之一。作为20世纪60年代绿湾包装工队的主教练，他在7年里带领团队获得了5次NFL的冠军。

隆巴迪的成功源于他有一套有效的训练方法。严师出高徒，隆巴迪的一切指导训练都建立在勤奋、纪律性强、执行力强以及追求卓越的基础之上。他的团队总是比其他团队优秀，他们能更好地防守和反击，跑得更快，也更有激情。隆巴迪反复训练队员们的踢球技巧、团队合作精神和执行力，直到这些成为他们的第二天性。

隆巴迪

隆巴迪是一个讲究方式方法的人。他会在赛前制订策略、在比赛中保持强大的执行力，这些就是他带领的团队取得成功的关键。

其实，考试和足球比赛非常相似——都需要提前制订策略、勤奋地训练和有效地执行战术。让我们现在就开始这次发现与提高之旅吧！

准备好了吗？现在就出发！

第一章

掌握基本应试技能

不同学科有不同的应试技能要求，但有一些基础技能所有学科都适用，例如"学会倾听"。很多学生都缺乏这项能力，究其原因，是他们有如下三个不良的行为特点：

- 第一，心不在焉，左耳进右耳出；
- 第二，容易被外界因素干扰，难以集中注意力；
- 第三，对讲课内容不感兴趣，大脑直接开启"关闭模式"。

针对这几个问题，本章节具体指明了改进方法。为了避免成为"糟糕的听众"，小读者们，快快学习起来吧！

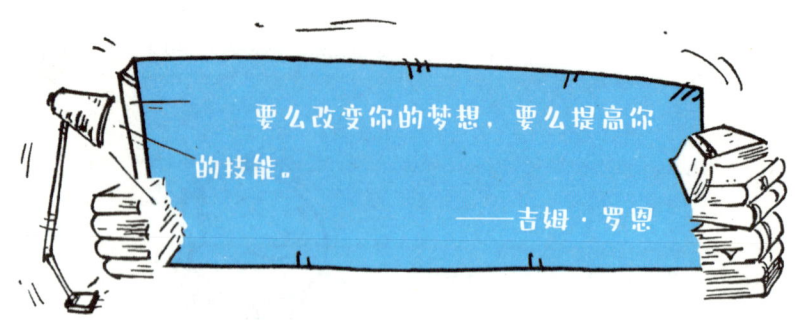

要么改变你的梦想，要么提高你的技能。

——吉姆·罗恩

问自己几个重要的问题

在开始之前，我们需要找到几个问题的答案。这些问题看起来很普通（也确实如此），但它们很重要，几乎是所有学生都要应对的基本问题。学生若是想在考试中表现出色，就得清楚这几个问题，并记住它们的答案，以便为今后的努力打下基础。

第一，考试对我来说很重要吗？

在行动之前，我们必须明白自己的动机——为什么要这么做？很多时候，人们连动机都没搞清楚就着手推进一项任务，一旦遇到挫折他们就会放弃。因此，在开始行动之前，明确动机、找准重点是至关重要的，特别是在执行重要任务的时候。

作为一名学生，考试的准备工作肯定就属于这类重要的任务。并且，没有明确的目的还会导致我们在执行任务

第一章 掌握基本应试技能

的过程中，无法给予相应的关注度。

因此，提出这个问题，就是要求学生认真思考考试的价值以及其对自身的影响。考试事关重大，尤其是小升初和中高考。这些考试决定了学生在受教育阶段可以有哪些选择，甚至在某种程度上决定了他们未来的人生。

找准重点

你知道自己想要什么，想要走哪条路吗？那就重视每一场考试，认真对待它们。只有这样，当来到人生的岔路口时，你才能拥有选择的权利。

第二，我有信心考出好成绩吗？

提出这个问题，是希望学生能更具体地关注自己的考试预期和结果。只要学生认为考试很重要，他自然就会希望得到好成绩。

011

这就引出了下一个问题。

第三，我准备好为考试而努力了吗？

这个问题是在提醒你，想要实现目标，就得下定决心付出必要的努力。也就是说，你想考出好成绩，就得做出一些牺牲。你必须清楚考试对你来说意味着什么，这样你才会有努力付出的心理准备。

努力学习

第一章 掌握基本应试技能

掌握学习的要领

所有的任务都有一个共同点，就是要求我们具备相关的技能。

外科医生需要经过长期的专业知识积累以及外科手术技能训练才能为病人做手术；寿司和刺身厨师需要练就又快又好的刀法才能胜任每日的工作；网球运动员想要在比赛中胜出也得掌握不同的击球方法。

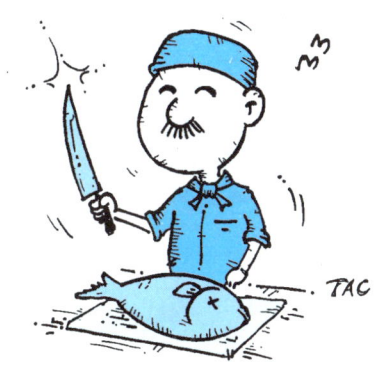

刺身厨师

同样，学生想要考出好成绩，也需要掌握考试技能。虽然不同的学科有不同的要求，但还是有一些基本方法适用于所有学科，主要有以下这些。

认真地倾听

很多人认为"听见"和"倾听"是一回事，这简直大错特错！听见是机械和被动的，就像无论愿不愿意，我们一直都能听到周围的声音——这是一个被动的过程。

"倾听"还是"听见"?

与之相反,倾听则是一个主动的过程,需要我们集中注意力。倾听时,我们会主动地去理解、分析和处理正在被传达的信息。

在课堂上,我们应该积极主动地倾听老师传递的信息。不同的老师有不同的授课风格,我们应该主动去适应他们,以达到最好的学习效果。例如,在强调重点时,有的老师会减慢语速,有的老师则会说得更大声,还有一些老师可能会再三重复。所有这些都是有用的提示,提醒你在倾听时要更加专注才行。

你玩过"传话"或"打电话"游戏吗?从第一个人开始,信息一对一地以耳语

强调重点

第一章　掌握基本应试技能

"传话"游戏

的形式依次往下传递,直到最后一个人接收到为止。最后一个人负责公布自己听到的信息。听起来很简单对不对?但最后公布的信息往往和原来的大不相同!虽然这只是一种游戏,但它说明传话者要表达得清楚明白,则需要倾听时集中注意力。

虽然我们可以尽力成为主动积极的倾听者,但有时一些情况也会令我们变成糟糕的听众。以下就是一些可能会产生负面影响的情况。

第一,心不在焉。 当感到疲劳并开始被动地"听到"事情的时候,我们往往难以集中注意力,接收到的信息也

神游中

是左耳进右耳出。

这时，我们应该有意识地采取措施将注意力集中在课堂上，例如去洗手间梳洗一下可能会有很大的帮助。

第二，分心。座位不舒适，风扇太吵或空调太冷，甚至老师的一些习惯也会让学生分心，比如撩头发，爱用"嗯""好"之类的语气词来中断完整的讲述等。这时，我们就需要提醒自己排除干扰、专注于所讲的内容。的确，不利的干扰会让我们难以长时间地集中注意力，但只要我们尽量保持专注并认真做好笔

不利的环境

第一章　掌握基本应试技能

记，这些不利因素给我们造成的影响就会微乎其微。

第三，缺乏兴趣。有时我们会对老师的讲课内容失去兴趣，主要是因为我们对这个课题不感兴趣。这时，我们就很难集中注意力，大脑也可能会开启"关闭模式"。

太枯燥了！

这种问题没有简单直接的解决办法。首先，我们要弄明白自己为什么会觉得这个课题枯燥无趣。是这个课题真的很无聊，还是难以理解？这样做有助于你想清楚为什么要学习它，培养起对这个课题的兴趣，或者至少能让你明白它的重要性。

提高思维能力

测验或考试不是要学生填鸭式地死记硬背，而是要考验学生的反应能力以及知识运用的能力。思维能力能够帮助学生将所学知识有机

死记硬背

017

整合在一起,这样学生就能在考试的压力下迅速地记住它们,从容应用。

测验或考试常会考查学生是否具备如下几种思维能力。

第一,分析性思维。分析一件事就是把它分成几个部分,然后研究这几个部分的关系。

也就是说,我们在分析一个问题时,实际上是把问题分解为几个独立的部分,比如导致问题的原因、问题涉及哪些方面等。通过这样的分析,我们可以更好地理解问题,进而提出可行的解决方案。

例如,有人也许会问,历史上民族主义是如何在东南亚产生的?要回答这个问题,我们首先需要了解东南亚国家的历史、社会、外交等方面的相关问题,其次需要分析权衡其中的哪些因素对某个国家非常重要,以便得出一个经过深思熟虑的答案。

分解问题

第二，批判性思维。这种思维评估要点包括各种问题的有效性以及其他人对它们的反应。我们需要探索各个领域，了解各种观点，以便得出一个有见地的结论。

这种思维方式通常运用在人文学科上，我们需要以此来判断不同来源的信息是否带有偏见，是否准确，它能否帮助我们理解作者和作品主题。

批判性思维

第三，创造性思维。包括提出新的和不同的想法。这些想法通常具有创新性和洞察力，可以更好地解决问题。这种思维通常具有生成性和演绎性的特点，也就是说，它的最佳培养方式为头脑风暴。人们集思广益提出一些创意（生成性），并在

创造性思维

这些创意中找出一个共同点,接下来以此为立足点来衡量其他的观点,进而提出另外的想法(演绎性)。

例如,在项目工作中,我们经常需要提出创新或有见地的想法来满足客户的需求。如果项目是针对没有时间锻炼身体的上班族,我们就可以提出在办公区使用健身器材的相关提议,然后进行评估,以确定哪个提议更有效、更可行。

做笔记

在上课期间,我们经常需要在教材或讲义上做笔记。教师对知识点的讲解、分析很重要。

学生做笔记时应该做到以下几点。

按要点列出

第一,保持整洁,易于阅读。笔记应当简明扼要,避免写得过多而显得杂乱无章,没有重点。

第二,列出要点,保持条理性。不要盲目地记录老师说的一切,尽可能使用列要点的形式,将重要的内容

第一章　掌握基本应试技能

按主题一项一项地写下来，既节省时间，又一目了然。

第三，学会速记。例如，"+"可以代替"和"，"vs"代替"相对"或"相比"，"e.g."代替"例如"，"w/o"表示"没有"，等等。这些速记符号有助于保持笔记清晰整洁，为我们节约了记笔记的时间，让我们能跟上老师的讲课节奏。

第四，整理笔记内容。确保自己准确记录下了所有的重点。做笔记的日期也应该写清楚。

复习时，你的笔记应该为你提供帮助，而不是成为你的阻碍。许多学生的笔记记得一团糟，以至于连自己写的字都认不出来。结果，在时间宝贵的备考期间，他们浪费了很多时间来整理甚至重新抄写笔记。

一团糟

提高语法水平和书写能力

掌握良好的语言能力，我们才能清晰连贯地写出答案。没有什么比满是语法及书写错误的答卷更让阅卷人恼火的了。相信没人希望被这个因素拖累，影响自己在重要的考试中的考试成绩。

语法是指语言的规则。不同的语言有不同的规则。例如，英语和汉语的时态就完全不同。汉语没有过去时态，而是用词语来准确表示事件发生的时间。对此，我建议大家广泛阅读，注意词语的用法。为了搞清楚某些特定的知识点，你可以从图书馆借一些语法书来看。

清晰连贯

书写也十分重要，因为大多数考试仍然要求学生使用笔和纸来答题。整洁工整的书写会让你的答卷一目了然，容易批改，帮助你赢得一些印象分。

当下，有许多学生在电脑上使用文字处理软件来完成作业。可是，这些软件自带的拼写检查和自动更正等功能，

第一章 掌握基本应试技能

这个字怎么写来着？

实际上会降低学生的书写能力，甚至让许多人想当然地认为书写不那么重要。

提高阅读和理解能力

无论是看书、复习笔记，还是上网，大多数信息都是通过阅读获得的。掌握阅读技巧对于学生提高学习和复习的效率是非常重要的。请参考以下这些建议来提高你的阅读和理解能力。

第一，选择一个有益的环境。

它应该是安静的，光线充足和舒适的，最好再加上一

适合阅读的环境

把椅子和一张桌子。

第二，选择利于实现阶段目标的阅读模式。

进行休闲性阅读的时候，我们可能会觉得在享受这个过程，享受作者用文字营造出的美。但阅读技术指导手册时，我们可能只是在寻找完成任务

休闲性阅读

所需的步骤。

阅读，包括略读（快速了解作品的主要内容）、浏览（找出关键词和重要观点），以及对没有明确陈述出来的内容的推断。更深层次而言，则是分析、检验和批判其内容。搞清楚你为什么要研究该文，并选择相应的阅读模式吧！

第三，使用 DIP 方法提高阅读速度。

DIP 是动力（Drive）、兴趣（Interest）和练习（Practice）这三个英语单词的首字母缩写词。有了动力，我们就可以保持高水平的积极主动性，从而加快阅读速度。而对阅读产生兴趣就会让我们在读得快的基础上读得更好，因为我们想知道更多内容、想知道接下来会

DIP 阅读法

发生什么。最后，练习让我们在读得又快又好的基础上很好地理解阅读的内容——我们在阅读的过程中变得更加从容自若，大脑能够以更快的速度处理信息。通过练习，我们对文本的理解也有所加深，我们了解了文章的主题，对与主题相关的专业术语就会更加熟悉。

需要注意的是，我们不应该为了追求阅读速度而影响对阅读内容的理解。为了深入理解内容，在必要时，我们应该重新阅读或反复阅读。

做好时间管理

时间管理能力常常被我们忽视。虽然它与考试答题没有直接联系，但这项能力，对我们的备考及考试效果影响很大。

要想管理好时间，就需要了解如何合理分配时间，制订出一个可行的进度表。一些学生做了计划，但由于塞进太多内容，不切实际，最终不得不放弃。他们甚至可能由此得出错误的结论：没有计划反而更好。其实，制订合理可行的计划进度表是至关重要的。

时间管理

制订计划进度表时需要注意以下几点：

第一，知道有多少内容要复习。这样，我们就能够估

第一章 掌握基本应试技能

计需要分配多少时间来进行有效的复习。时间太少，我们会陷入没法完成的焦虑中；时间太多，复习时会拖延，导致我们无法在应有的时间里达到复习效果的峰值。

第二，优先复习重要的内容。我们需要学习的内容太多，但不是所有的内容都很重要。时间有限，我们需要依据重要程度为所学内容进行排序，优先复习重要的内容。

第三，要复习也要休息，劳逸结合。复习备考的时候，一定要确保自己有充分的休息时间，制订一个繁复且令人疲惫的时间表是不可能达到预期

没有计划反而更好？

有多少内容需要复习？

027

喝杯饮料

的学习效果的,因为当我们疲倦的时候,注意力往往无法集中。

你是否有过不断重复阅读相同的内容而无法读下去的经历?其实那是大脑在提醒你去休息,喝杯饮料、散散步或者小睡片刻,都是不错的做法。

提高记忆力

需要学习如此多的概念、公式和定理,难怪很多人都希望自己的大脑可以像电脑硬盘一样轻松存取大量的信息。

第一章 掌握基本应试技能

以下是一些帮助你提高记忆力的小建议：

第一，确保理解需要记住的内容。理解了内容，我们才能够处理它们。很多人虽然死记硬背记住了学习的内容，却不知道如何去应用它们，导致他们在测验或考试中只能将这些知识"硬挪"过去。碰到那些考验学生对知识点的理解和应用的题目时，他们就束手无策了。因此，通过对知识进行分析、理解而得到的记忆，比死记硬背有帮助得多。

电脑式大脑

想知道自己是否达到了理解的程度，可以用你自己的话将学到的知识点讲给别人听。如果别人听懂了，这就说明你理解了这部分内容。

第二，将碎片化信息系统地组织起来。为了具体解决某个问题而去书中各章节搜集相关主题的碎片化信息很常见。不过，把这些信息系统、有条理地组织整理起来总归

组织碎片化信息

更好。在组织信息的过程中,我们可以创造一个有意义的模式,以帮助记住这些信息。

例如,生物学科,我们在学习、研究人体循环系统这个主题的过程中,实际上就将红细胞、白细胞、血小板和血浆等血液组成部分的知识整合了起来,便于我们理解及掌握。

第三,**集中注意力**。掌握那些能帮助我们集中注意力的方法,并把它们应用于日常的生活和学习中。这样做可以帮助你逐渐培养起专注力,将学到的内容记得更牢。

不过,在这个过程中,我们需要注意以下几点:

不堪重负

首先，不要超负荷学习。不要企图一口气记住所有内容，超负荷学习会使我们在运用知识时很难清晰地回忆起需要的知识。因此，要分解内容并循序渐进地去学习，这样才能够更深入地理解、记忆。

其次，经常复习。我们列出的进度表中应该包括复习环节。为了记住知识，经常性地复习是非常必要的，这有助于巩固已获得的信息，并将其从短期记忆转化为长期记忆。

再次，了解记忆的运作规律。学习和复习的时候，我们记忆的效率在刚开始的时候通常是最高的，随后会降到低点，在复习结束时又会略有回升。因此，把最重要的内容放在前面复习是明智的。对于在中间阶段复习的内容，你可以在下一轮复习开始时再复习一遍，以便强化记忆。

最后，借助记忆工具。这些用来帮助记忆的工具一般包括公式、口诀或一些朗朗上口的短句等。在英语中一个常用的例子就是，用一个句子来记住彩虹的颜色："约克郡的理查德徒劳地战斗。（Richard Of York Gave Battle In Vain.）"每个单词的首字母代表彩虹的一种颜色：红（Red）、橙（Orange）、黄（Yellow）、绿（Green）、蓝（Blue）、靛（Indigo）、紫（Violet）。

生物中也有一个类似的例子。我们知道微量元素虽在

记忆工具

人体内含量微乎其微，但它们能起到至关重要的作用。这些微量元素包括：铁、铜、锌、钴、锰、铬、钼、镍、钒、锡、硅、硒、碘、氟，有些文献把硼和砷也列入人体必需的微量元素。

那么，这么多微量元素怎么才能记住呢？可以试试以下这个顺口溜：

铜佛涅槃，铁骨归西；

墨西哥朋，典型生猛。

分别对应为：铜氟镍钒，铁钴硅硒；钼锡铬（硼），碘锌（砷）锰。

这种令人难以置信的辅助记忆工具，采用了便于联想记忆的顺口溜，让记忆变得更容易。

基本技能：成功的基石

在建造一个建筑物之前，无论是小小村舍还是摩天大楼，我们要做的第一步就是打地基。地基坚固稳定，后面的工程才能有条不紊地进行下去；如果地基打得不够牢固，地面建筑就不稳定，容易倒塌，这是非常危险的。

同样，倾听、思考、记笔记、阅读、写作、管理时间和记忆等基本技能是我们复习备考的基础。不过，死记硬背可不包括在内，它无法帮助我们为考试做好准备，获得高分。因此，付出时间和精力来提高上述能力是很有必要的，无论复习还是考试，我们都能从中得到回报。

打牢地基

第一章 掌握基本应试技能

故事启示录

彼得和他的羽毛球教练

彼得加入了学校的羽毛球队，师从著名的桑德斯教练。大家都知道，经桑德斯教练指导的球员，球技能得到大幅度提高，往往能在比赛中发挥出最好的水平。作为一名初学者，彼得很高兴自己能得到如此宝贵的机会，很想在教练的指导下发掘出自己的潜力。

在球队学习的第一天，彼得兴奋不已，他很想知道桑德斯会教给他什么必杀技。

但在热身之后，桑德斯教练只是召集起新队员，要求他们反复练习发高吊球，并强调一定要让羽毛球以高弧线轨迹运动，最后落在预定的地方。

这对彼得来说并不是什么新技能，不过彼得认为教练大概是从基础技能

练习发球　TAC

开始训练，所以他听从教练的吩咐，反复练习发高吊球。

没料到，接下来第二阶段的练习也与发球有关——不仅如此，此后每个阶段的训练都是围绕着发球来展开的，直到全国学校锦标赛的到来。

教练宣布彼得将作为代表之一参赛。彼得开心极了，但同时他又担心——除了发球，他没有接受过其他训练，什么超球、扣杀，他通通不会。他走到教练身边，说出了自己的担忧。桑德斯教练听了彼得的话以后，微笑着告诉彼得不要担心，他说："会发高吊球就足够了。"

虽然这句话不足以让彼得放下心来，不过他还是决定尽力一试。

比赛当天，彼得非常紧张。然而，他还是设法让自己平静地上了赛场，并按计划进行了一场"发高吊球比赛"。他发出的球，就像训练时一般，高高越过对手，正好落在预定的地方。彼得得到了第一分！

充满自信

第一章 掌握基本应试技能

彼得受到激励，对自己充满了信心。在彼得的攻势下，对手渐渐慌乱起来，多次判断失误。在第一场比赛中，彼得靠发高吊球取得了不错的成绩，之后的几场比赛同样如此。

尽管没能进入决赛，彼得仍然为自己有幸参赛并取得不错的成绩而心怀感激。他认识到，之前所有看似单一重复的训练，实际上为他奠定了牢实的基础。他的对手或许掌握了更多的技术动作，却没有牢固的基础，所以才会输给他。彼得终于明白了那些发球训练的价值，非常感激睿智的桑德斯教练。

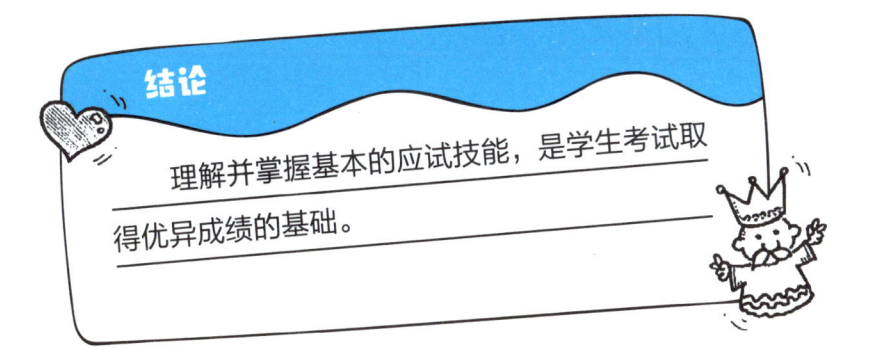

结论

理解并掌握基本的应试技能，是学生考试取得优异成绩的基础。

从掌握基本技能到取得优异成绩

第二章

深度理解所学内容

　　学生都有"最愁学科",可能是英语、数学、科学,也可能是地理等。为消除这个困扰,作者在本章节中介绍了备考答题要点,并传授了可以帮助小读者深入理解学习内容的"三大法宝":

- 第一,分解学习任务,逐个击破;
- 第二,循序渐进地学习、理解所学知识;
- 第三,阶段性地归纳总结,简化学习内容。

　　想要考出好成绩,就进入本章,在作者的指引下,掌握这些应考要点吧!

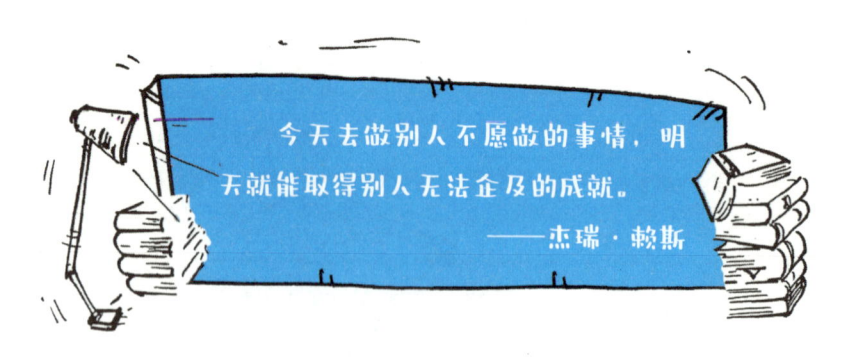

> 今天去做别人不愿做的事情，明天就能取得别人无法企及的成就。
> ——杰瑞·赖斯

理解所学的内容

有这么一个有趣的说法："处于学习过程中的那些人正在渐渐死去，而学完的人已经死了。"当然，这只是一个有关学习压力的玩笑。只要安排好时间，用对学习方法，我们就不会被学习压垮。

我们在第一章中学习了应试的基本技能，但它们不是我们的目标，而是我们实现目标的方法。只有深入理解所学内容，我们才能应付考试中出现的各种问题。掌握再多的方法，却不懂内容，那么研究任何课题都是空谈，因为确实没有什么可以讨论的。

要理解课堂所学的内容，首先要

空中楼阁

第二章 深度理解所学内容

了解课程标准，即学科内容、体系、范围和教学要求的基本纲要。例如，我们即将开始学习一门讲述世界历史的课程，就应该提前了解课程涉及的国家、历史朝代以及考试时有可能重点考查的历史事件。

课程标准让我们在学习学科知识前得以一览全局，对学科内容有一个大致的了解。在接下来的学习中，我们就可以根据课程标准要求，具体去学习构成全局的各个知识点，同时掌握与这些知识点相关的各种关系及事件。

大框架

关于复习备考的建议

不同的学科有不同的考试要求,熟悉考试要求对学生而言是很重要的。例如,这门学科会考论述题,我们就要提前了解如何回答这类题目——怎样组织论述内容、如何探讨问题以及需要什么样的信息。

以下是关于部分学科的备考要点的一些建议,包括语言、数学、科学和人文学科。

考试要求是什么?

第二章 深度理解所学内容

英语及其他语言学科

以英语为例。

无论英语是你的母语还是必学的外语，我们都需要了解它的语法、句子结构、拼写、词汇和其他相关知识。从根本上说，我们需要了解如何使用这种语言。

因此，英语考试包括不同的题型，分别用来检查学生对英语学科各个组成部分的掌握情况。

完形填空，可以用来（但不限于）考查学生的词汇量。做题时，学生需要联系上下文内容，选出横线处缺失的单词或短语，使句子表达完整。

改错题，主要用于检测学生对语法和句子结构的掌握程度，学生需要找出甚至纠正题目中的各种错误。

阅读理解题，主要用来测试学生的理解力、分析力、判断力。答案可能可以直接在文中找

如何使用这门语言？

到，也可能需要学生根据内容推断出来，有的考试还可能要求学生就文章中的某个观点或现象进行简短的论述。

还有英语考试的压轴题——写作。例如，要求你根据题目写一封信或一封电子邮件，或是进行议论文写作——写一则故事或一篇文章来支持或反对某一观点。这类题是在考查我们对英语这门语言的整体掌握程度。

还有一些英语考试有口语测试题，主要考查学生是否能流利地阅读并回答问题，是否能用英语来描述一幅图或谈论一个指定的话题等。这类题对于许多非英语国家的学生而言，难度系数比较大。其实有一种方法可以帮助学生更好地完成，那就是泛读。在泛读的过程中，学生可以更加熟悉单词的使用方法，提高自己的理解力。若是想提高自己的表达能力，可以对着镜子练习，这能使你的表情更加自然，举止更加得体，从而增强你在其他人面前表达自己观点的自信心。

数　学

数学是一门解决问题的学科，试题大多是对逻辑和数字运算的考查。大多数时候，学生必须借助方程式来进行

第二章 深度理解所学内容

数学考试有什么要求？

计算。

从这个角度而言，数学是数字和数量方面的逻辑应用。我们必须运用逻辑思维看待问题，找出合乎逻辑的答案。在平时的学习中，记住公式只是基础工作，你还必须理解它们。这样在考试中时，在承受着心理压力的情况下，你才能够唤起记忆并恰当地应用它们。

为了在考场上发挥出最佳水平，你可以在复习阶段进行限时模拟测试。在反复练习中，你就能知道不同类型的题目常用的提问方式，以及对应的解题思路及方法。

大多数情况下，一个题目有多种答题方法。因此，在答题时写出具体的解题步骤是很有必要的，这样做可以让自己思路清晰，找出最佳的答题方案。即便最后得出的答案不正确，但写出运算步骤仍然可以帮助我们得到部分分数。

有一些试题会提供公式列表，但要记住，这些公式只是辅助工具，并不能代替我们在学习和复习阶段的刻苦练习。尤其在复习时，理解公式和概念是至关重要的。

另外，在复习的过程中，应当着重练习错题。想一想：这些疏漏到底是粗心造成的，还是对部分知识点理解得不够深入造成的？在此基础上，再有针对性地进行复习提高。

科 学

要学好科学课，首先需要搞清楚科学的概念。事物是如何运作的？为什么物质之间会产生化学反应？物体为什么会以这样的形态存在？这些就要求我们在科学学习中了解重大科学发现、重要科学理论以及它们的应用方法。

科学包括物理、化学、生物等学科内容，有太多知识需要我们去理解和记忆。因此，备考时进行系统、有条理的复习十分重要。

请记住，无论是科学自身的发展，还是我们对这门学科的学习，都需要充分运用逻辑思维——从理解物理和化

科学原理

学等相关学科的基础知识入手，渐渐探讨这些系统性的知识是如何相互影响、共同作用的。

因此，在进入更高层次的学习之前，掌握基础知识就是学习重点。你确定自己充分理解并掌握了吗？如果你可以用自己的话向别人复述学到的科学知识以及科学现象，就说明你做到了，可以继续深入学习。

另一个值得注意的要点是：需要学习和理解程序性技巧。这门学科中的许多课题都需要做实验，就是说，我们需要了解实验原理，掌握相关知识，清楚实验步骤。

前文提到的限时模拟测试，科学学科同样适用。限定时间的练习，可以帮助我们适应考试节奏，熟悉并进一步理解不同类型题目的答题方法。

人文学科

总的来说，人文学科是关注人类文化的学科。虽然广义的人文学科范围广泛，但我们常说的人文学科是指历史、地理和社会研究。

历史和社会研究两门学科要求我们在了解的基础上对事实进行评估并得出结论，其中可能包括人物、事件、国家、文化、地理因素、战争等。这两门学科会考查一些重要的史实，例如有哪些杰出的人物，他们有何英勇事迹以及对社会发展做出了什么贡献等。

因此，我们在备考复习的时候，要多多关注那些重要的历史事件。当然，一些次要的细节或历史记载较为模糊的事件有时也会考到，可能是因为它们与一些波及范围广、影响深远的历史大事件有关，了解它们，有助于我们更为全面地了解历史。

例如，我们正在学习第二次世界大战这段历史。这场被记载于1939年爆发的大战，实际上，在更早的时候战火就已经燃起来了，例如发生于1936—1939年的西班牙内战，以及爆发于1931年的中国抗日战争。通过了解这些战争，并将它们与后来的一系列战争联系起来，我们就可以更完整地了解第二次世界大战，加深对这场战争发展过程的理解。

地理则要求我们了解各大洲各个国家的地理概况、地理环境的变化，以及人类所面临的人口、资源等重大问题。对这些的理解是非常重要的，因为这几个主题都和人类的行为与生活环境密切相关。

人文学科的考试题型大多为论述题。这类题目可以考查学生对相关知识的理解程度，以及将学到的知识与其他学科的知识联系起来的能力。

想要好好回答这些问题，就必须抓住主题、找出要点。老师的讲课内容和课本内容强调的重点是什么？课本里是否有你可以参考的例题？

通过练题，你可以知道回答论述题有什么格式要求，用怎样的结构可以清晰连贯地解答问题，以及如何在限定的时间内答卷。（备考和考试期间的时间管理问题将会在第三章中详细介绍。）

好多学生会花过多的时间来解答论述题。他们天马行空地想象，信马由缰地漫谈，极有可能到考试结束那一刻，冗长的答案不仅没能解决问题，反而为阅卷老师制造了阅读障碍。可以预见，在考场上这样答题，结果可能不妙。

超负荷学习

至此，我们对关键学科的备考要点、考试要求已经有了大致的了解，接下来看看大多数学生都会遇到的问题。

我们知道学习不能浅尝辄止，要想深入理解所学内容，我们至少需要花几周甚至几个月的时间来持续学习。在这段时间里，许多学生会通过反复阅读或死记硬背来记住所学内容，但这样做并不可取，要知道记住和理解可不是一回事！

"怎么可能掌握这些内容?！太多了！"这是许多学生（甚至包括部分家长）在学习或复习备考阶段常常发出的抱怨。有太多的学科等着我们去学习或复习，尤其是在中学阶段。再加上学校为了按时按量地完成教学任务，还常常在考试前加快讲课的速度或安排补课。学生们快被学习或复习压得喘不过气来了。

超负荷学习

第二章 深度理解所学内容

有这么多的内容需要学习或复习，如果管理、安排不当，学生就会被淹没在知识的海洋里。这可能会导致一系列不良后果：从过度紧张到萎靡不振，严重的还会影响身体健康。例如，学生为了尽可能多地掌握学习内容而熬夜死记硬背。死记硬背并不是真正的理解，对取得好成绩起不了太大作用，只会让学生承受更大的压力，意志日渐消沉。可是，若不及时复习，就跟不上老师的教学进度，这意味着我们不得不在课外靠死记硬背记住部分学习内容。这个过程会不断重复，导致学生陷入恶性循环。

那么，如何才能摆脱这种状态呢？或许下面这个故事可以给我们提供一个可供参考的解决方案。

挑灯夜战

故事启示录

鳄鱼和蛇

从前,有两个凡事都喜欢争个高下的伙计——一条鳄鱼和一条蛇。有一天,他们决定进行一场吃东西比赛。

"你永远不可能打败我。看,我的嘴巴可以张这么大,能够吞下任何东西!"蛇吹嘘道。

"别吹牛了!"鳄鱼反驳道,"张得大有什么用?我锋利的牙齿可以咬碎任何东西,那才叫厉害!"

"那就来比比看吧!"蛇嗖嗖地吐着芯子。

谁更厉害?

第二章 深度理解所学内容

他们让一只聪明的猫头鹰来当裁判。比赛分三轮进行：第一轮比赛吃一大盘虾。鳄鱼和蛇都很轻松地完成了，不分上下。

他们都说："这根本就不算个事儿。"

第二轮比赛吃一大筐鱼。他们同样也快速地吃完了。

"这也不难啊！下一轮挑战是什么？"他们问猫头鹰。

最后一轮是最难的——比赛吃一条巨大的鱼，这条鱼几乎是鳄鱼的两倍那么大。蛇试图一口吞掉面前的鱼，可不管他怎么努力张大嘴巴，就是没法做到。

鳄鱼也开始了这项艰巨的任务。不过和蛇不同，他并不打算将鱼囫囵吞下，他一点一点地啃这条鱼，看起来虽然慢，但鱼在慢慢变小。最后，鳄鱼吃掉了这条鱼。

这时，鳄鱼转过头想看蛇是否完成了任务，结果却看到他仍对着那条巨大的鱼，束手无策、垂头丧气。

这场比赛分出了胜负。

鳄鱼对蛇说："鱼太大了，你不应该老想着一口将它吞下，而应该试着把它拆分成许多个小部分，逐个解决掉它们。这就是我在比赛中胜出的关键！"

逐个击破

我们也应该听从鳄鱼的建议,把学习任务分解成更易完成的几个部分,然后再逐一去学习和完成它们。例如,按主题来分解内容。设想一下,一口气读完一本500页的书,你是否会认为这是一项令人望而却步的任务?然而,如果这个任务的要求变成每天阅读50页,直到读完这本500页的书为止,你是否感觉容易多了?

一个看似不可能完成的巨大任务分解后就变成了更轻松、更小的任务;不过,分解任务时,我们需要充分考虑任务的完成日期,不能随心所欲地分解,这就是我们需要养成制订倒计时日历这个好习惯的原因(见第五章)。

令人望而却步的任务

第二章 深度理解所学内容

循序渐进地学习

大多数时候，我们都需要循序渐进地阅读和理解学习内容，因为理解了第一章，会有助于我们理解第二章，以此类推。因此，在进入下一章或下一个课题的学习之前，我们往往需要先掌握一些概念和理论知识。

在学习上落后的时候，学生们往往不知道该如何继续下去。他们或许会问："从第一章开始补习，努力赶上当前的进度好呢，还是先学懂当前的内容，有时间的时候再补上前面的学习漏洞好？"

循序渐进地学习

总之，以上两种选择都需要额外安排时间来补习。对此，我的建议是，将两种方法有机结合起来——跟上老师当前的讲课进度，同时在课余抽出时间，从第一章开始，有规律地补上落下的内容。

概括总结

想象一下：如果能将 10 页的听课笔记归纳为两页的内容，可以节省多少复习时间？把你的课堂笔记和课本内容整理成简明扼要的内容摘要是很好的学习方法，而且，如果你能成功概括出来，也说明你真正理解了所学内容。

内容摘要

此外，我建议学生们用索引卡写出关键的知识点，便于在忙乱的时候快速查阅。

第二章 深度理解所学内容

结论

想要做好考试准备，我们就必须真正理解、掌握学习内容。这可以通过制订并执行适合学习内容以及学生自身情况的复习策略来实现。

理解学习内容

第三章

学会练习与运用

要想充分有效地备考，在考试之前，学生就应当留出足够的时间，采用以下几种方法来练习、应用平时掌握的考试技能和学到的知识：

- 练习历年真题；
- 复习平时完成的作业；
- 进行限时模拟考试。

作者在本章中具体介绍了这几种方法好在哪儿、如何做才最有效。想要考得高分的小读者，赶快进入本章学起来吧！

> 如果你接受了别人对你的预期，尤其是消极负面的预期，那么你永远也改变不了这个结果。
>
> ——迈克尔·乔丹

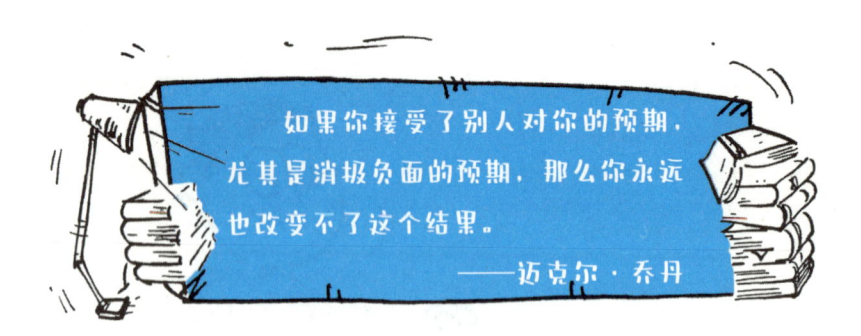

合二为一

在提高了考试技能、理解了学习内容后，接下来我们应该把二者结合起来，这样我们才能在有限的考试时间内应用学到的知识正确答题，考得最佳成绩。

有太多这样的事例：学生们努力地"单向"学习着，

合二为一

既掌握了考试技能，也一直以理解为目的在认真地学习着，但他们仍然没能考得理想的成绩，有的学生甚至连考题都没法做完。究其原因，是这些学生没能运用自己掌握的考试技能和学到的知识去答题。做不到合二为一，自然就没法取得好的效果。

临时抱佛脚

中国有这么一则谚语："平时不烧香，临时抱佛脚。"指的是那些平时不好好学习，考前不好好准备的学生，临考时就只能仓促复习，拼命恶补了。

拼命恶补

假如有一个聪明的学生（我们叫他山姆吧），他在课堂上确实做到了专心听讲，却从不好好复习，每当测试临近，他就会在考前几天临时抱佛脚，熬夜复习备考。聪明的山姆很幸运，靠着这招他大多数时候都顺利通过了测试。

期末考试快到了，每个人都在努力地准备着，山姆却一如既往地在考试的前几天才开始复习。

但是，期末考试考查的内容太多，山姆拼命恶补，时间也只够浏览一遍笔记，对内容有一个大概的了解。于是，山姆寄希望于自己平时在课堂上学到的知识，可他平时学完就完，从不进行阶段性的总结、复习，再加上期末考试重在考查学生理解知识以及应用知识的能力，所以，你猜到山姆考得怎么样了吗？是的，不怎么样！

山姆的故事告诉我们，掌握技巧和内容的秘诀就在于坚持不懈地学习。我们应该尽量避免在最后关头死记硬背，因为临时抱佛脚不仅低效，还会给自己增加不必要的应考压

坚持不懈

力。只要平时坚持并有计划地学习、复习，考前准备工作就是轻松的，取得理想的成绩自然不在话下。

如何有效备考

对于那些喜欢拖到"最后一分钟"才为测验或考试做准备的学生来说，时间有限，他们只得把精力用在记住知识点上面。这就意味着，他们没有时间做练习题，更没有为考试做好心理准备。

所以说，在任何考试之前，我们都必须留出足够的时间采用以下几种方法来练习、应用掌握的技能和学到的内容。

练习历年真题

备考期间，练习历年真题是很有必要的。通过这些练习，我们既了解了考题类型，又熟悉了所学知识在考试中的各种应用方式。

理解一道题的设计思路与提问目的是非常重要的，因为每道题都预设了答题方式。没能正确理解题目，便会失去得满分的机会。

例如，英语考试中侧重于考查学生理解能力的题目中，常常会出现这样的短语："用你自己的话来……"。这就是要求学生用自己的表达方式，将答案阐释出来。如果学生没能正确理解提问目的与答题要求，直接从文章中抄录句子来回答，那这道题就不能得分了。

反复练习

所以，复习的时候，除了完成课堂作业，最好能和同学一起做一做历年来该学科的考试真题，多加练习能让你提高对问题的理解能力，掌握正确的答题方法；并且，遇到解决不了的难题，最好及时向你的老师求助。这样做你可以复习得更扎实，更有信心面对即将到来的考试。

复习平时完成的作业

除了练习历年来的考题，我们还需要好好复习之前完成的家庭作业和课堂练习。尤其要注意我们做错的那些题目，是否已经改正过来了，还有没

复习作业

有未解决的难题。我们注意到这些问题后,就会设法弥补漏洞,确保不会重犯这些错误。

进行限时模拟考试

在走进考场之前,我们应该留出时间找出去年的试卷,进行一次限时模拟考试。找一个安静的环境,让自己在限定的时间内完成这次考试。这可能会让我们感受到较大的压力,在做题的过程中可能会被难住,所以要做好心理准备。

进行模拟考试是很有好处的,它能在一定程度上帮助

限时模拟考试

我们缓解紧张的情绪，让我们镇定下来，不那么怯场（相信我，考试时你的手之所以颤抖，并不是因为寒冷）。

在限时模拟考试过程中，请留意你完成试题需要多长时间。然后，在接下来的练习环节，为各部分试题分配合适的时间，这样，你既复习了知识，又渐渐提高了管理考试时间的能力。例如，在正式考试时，如果碰到一道对你而言有难度的题目，可能要花不少时间才能完成，那就跳过它，做完其他试题后再回来解答。

看到了吧，限时模拟考试有如此多的好处，因此，在真正考试之前，进行这种练习是非常有必要的。

反复练习，养成习惯

"熟能生巧"这个成语相信大家都知道。我们反复练习做一件事情，不断增强对它的理解和记忆，就会越做越好。这听起来很有道理，但在实际操作过程中，我们必须要注意：熟能生巧得有前提，那就是我们的练习方法是正确的。

反复练习，养成习惯

第三章 学会练习与运用

试想一下：如果还没完全理解概念就开始练习会出现什么状况？我们可能会被难住，然后放弃，或是一遍又一遍地重复同样的错误，就像一个篮球运动员练习了成千上万次投篮，但投球方法一直是错误的，因而无法得到预期的结果。

虽然练习不一定能造就完美，但它确实能帮我们养成习惯。也就是说，无论我们反复练习的是什么，无论方法正确与否，这种行为都会成为我们的一种习惯。

应当注意，当一种错误的行为经过无数次练习，成为我们的一种坏习惯以后，它为我们带来的负面影响是很难清除的。因此，在巩固所学内容的同时，清楚自己的不足之处，迅速改进自己的薄弱环节，这是非常重要的。

投球方法不正确！

结论

只要能综合运用掌握的应试技能以及学到的知识，再加上反复的练习、充分的准备，自然就会取得理想的考试成绩。

准备充分

第四章

正确检验学习成效

拿到发回的试卷后，不管考得好不好，我们都应该对试卷进行认真分析：

- 扣分最多的是哪类题？这类题难在哪里？
- 是因为考到不熟悉或没学过的内容了吗？
- 因为粗心大意被扣分的情况多吗？
- 知道答错的题要如何改正吗？
- 哪类题自己的正确率高？

为了帮助学生检测出丢分的原因，防止再次犯错，作者在本章节中介绍了一种评估工具——成绩评审表。只要系统、有效地运用它，学生就能总结出扬长避短的复习方法，不断取得进步。

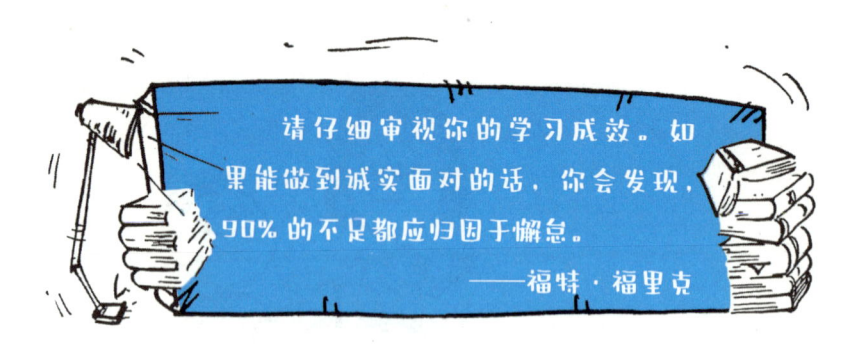

> 请仔细审视你的学习成效。如果能做到诚实面对的话,你会发现,90%的不足都应归因于懈怠。
>
> ——福特·福里克

考试结果

放榜日是考生们的大日子。有些人表现得很冷静,好像无论考得好或不好都无所谓;另一些人则极其紧张。不过,无论如何,考试成绩总会公布,我们必须接受。但是之后会发生什么呢?

我们可能会觉得痛苦,但此时必须打起精神来,认真听老师评讲试卷,课余再花些时间反复练习错题。每一次测验、每一场考试结束后,我们都应该这样做,为了下次考得更好,也为了自信地参加国家级考试(当

放榜日

然，国家级考试的试卷是不会发回的）。

复习试卷时，我们可以问自己以下这几个问题：

- 哪些题目算是发挥正常？
- 哪些题目发挥失常了？
- 我们的学习方法是否有效？
- 我们还可以做些什么让自己考得更好？

任何一场测验或考试，我们能得到的结果无非是以下之一：超常发挥、正常发挥、发挥失常。

超常发挥

取得优异的成绩的确是一件值得庆祝的事情，它说明我们的努力付出都是值得的。然而，在"香槟开瓶声"中，我们需要不断提醒自己保持冷静、谦逊，客观地评估自己的成绩，千万不要被胜利冲昏了头脑！

庆祝取得好成绩

实际上，我们仍有进步的空间。

通过不断反思、改进自己的学习方法，渐渐地，我们便能取得好成绩。

正常发挥

当我们的考试结果只能算"还行"或"一般"时，我们就会获得一种独特的体验——可以说类似于无动于衷。我们没有搞砸这场考试，但成绩也没有好到让人感到开心。这种中不溜儿的感觉让我们对这份成绩单有些麻木。

这可不是一个鼓舞人心的好现象。一旦陷入这种状态，我们极有可能懒得去回顾考试的结果——反正考得"还行"，有什么必要再费心费力去努力奋斗呢？不，当然有必要！因为还有很多次考试等着我们去挑战呢！接下来的考试可能难度系数更大、要求更高，因此，不断提高自己

考得还行

的能力,以避免成绩下降,才是明智的做法。

发挥失常

在这种情况下,我们感到沮丧和失望是很自然的。但是,我们必须尽快平复消极的情绪,振作起来,认真检查试卷,找出问题所在。只有努力想办法解决问题,才能避免重蹈覆辙。

发挥失常

成绩评审表 (RRF)

RRF,是"The Result Review Form"的首字母缩写词。它是一种非常有用的工具,可以帮助你检测和分析在考试中出现的问题。从现在起,在你拿到发回的试卷后,认真分析并根据下面的例表来创建专属于你的成绩评审表吧!

我的成绩评审表

考试科目：

考试成绩：

考试日期：

复习进度：

·复习的时间：

·已复习主题：

·未复习主题：

考题总结：

考题序号	扣　分	考题类型	不熟悉的或新的内容	粗心大意	审题失误	答案不清晰	未能完成试题

第四章 正确检验学习成效

如何使用 RRF？

首先，请详细填写基础信息：考试科目、考试成绩和考试日期。

接下来，坦诚地反思你的复习过程，然后问自己以下几个问题：

我是否用了充足的时间来复习？

所有的知识点都复习了吗？是否真正地理解了题目意思？

想清楚之后，认真检查发下来的试卷，找出做错或没完全做对的考题，将它们的考题序号以及扣分情况记录下来。接下来，标注考题的类型，例如，这是一道选择题、简答题，还是论述题？

下一步是研究自己为什么会答错这些题。综合分析表格中的选项，根据实际情况，选出你认为最接近的原因，用"√"标记出来。

第一，考到新的或不熟悉的内容。

考查到的部分知识，是

新的或不熟悉的内容

否正好是新内容或是你不熟悉的内容？在这种情况下，你需要评估一下自己复习到什么程度、理解到什么程度。你能用自己的话向别人清楚讲解这部分知识吗？

粗心大意

第二，粗心大意。

这是最常见的丢分原因之一。学生急于结束考试的时候，往往容易犯这个错误。想要考高分，就得正视这个问题，在以后的考试中更加认真地答题并花时间仔细检查。

第三，审题失误。

这个问题同样非常容易发生在学生急着结束考试的时候。

赶时间

第四章 正确检验学习成效

第四，阐述不清晰。

这通常发生在回答简答题、论述题的时候。学生在回答问题时，可能有些地方没有阐述充分或说得过于含糊，导致答案不够准确、清晰，无法得到高分。

第五，未能完成答卷。

这通常与考试时间管理不科学有关。如果在某道难题上花了过多的时间，你可能就没有足够的时间完成其他题目。

未能完成答卷

成绩评审表将所有需要评估的内容汇集到一起。只要完成了这些评估，我们就对自己存在的问题有了清晰、系统的认识，就能分析问题并找出解决办法。

试着问问自己如下几个问题：

- 扣分最多的是哪种类型的考题？
- 这些考题难在哪里？
- 哪些题型正确率高？
- 知道做错了的题如何改正吗？

虽然 RRF 可以帮助我们认识到哪些方面出了问题，但是具体到做错的题目上，我们可能仍然感到困惑，不能正确解答。也许是我们没听懂老师的讲评，或者是我们的答题思路不清晰、考虑得不够全面，但不管是什么原因，我们都应该重视这个问题，并且及时向老师请教。

感到困惑

因此，RRF 是一种侧重于提高学习效率的工具，它将老师的试卷讲评系统化了，可以帮助我们找出自己容易犯错的地方以及防止再次犯错的方法。

及时请教

第四章 正确检验学习成效

犯错了，如何处理？

正如我们在生活中会犯错一样，考试时也不例外——事实上，由于情绪紧张，且承受着时间管理等的压力，我们很可能会在考试中犯一些不该犯的错误！

有些人一旦犯错，就如同坠入一个大坑，这个坑将永久存在，并且很难爬出来。他们认定自己是个失败者，选择留在坑里，再也无法更好地应对将来的考试。

而对另一些人来说，错误只是垫脚石。他们相信，只要认真对待每一个错误，从中积累经验、吸取教训，最终就能走向成功。犯错虽然让他们感觉痛苦，但只要不沉溺其中，积极面对，做到每犯一次错就刷新自己的学习起点，他们会变得越来越好。

爬不出来的大坑

垫脚石

他们意识到了自己的错误，尽量避免重犯，并且绝不让这些错误成为自己的绊脚石。

发明家托马斯·爱迪生就是一个很好的例子。他勇于面对并接受错误，并且做到每犯一个错误，就让自己变得更强大。爱迪生的坚持不懈最终让他发明了世界上第一个照明用的电灯泡。他说过一句著名的话来总结自己对错误和失败的看法："我不是失败了，而是排除了10000种行不通的方法。"

第一个电灯泡

第四章 正确检验学习成效

犯错会让人意志消沉，我们必须提醒自己振作起来，从中吸取经验教训，否则类似的错误会不断出现——这是一个紧急信号，提醒我们立刻回头找出问题所在。

反复练习强化记忆，或是用笔记录下犯过的类似错误，都是很好的办法。我们可以将错题记录在专门的错题本上，也可以将它们保存在智能手机中。只要在下次复习备考时，认真练习这些错题，我们就可以不重复犯错。

错题本

接受现实，继续前进

考试成绩不理想往往会让我们意志消沉，但这并非世界末日。成绩只是用来提醒我们进行反思的工具，客观看待、积极面对，我们就能从中得到成长的养料。

很多时候，一些学生会因为这次没考好，便向自己或他人做出承诺，保证下次取得好的成绩，然而下次可能仍然表现欠佳。其实，这些敢于做出承诺的学生不是不努力，他们确实刻苦学习、复习了,但是,他们的学习方法有待改进。相较于这部分学生,另一些学生虽然也对自己的成绩不满意,也承诺要提高自己,却只是停留在口头上,并未采取实际行动,这很糟糕。

"重视承诺型"学生

故事启示录

没有永远的失败者

从前有个男孩热爱绘画,于是,他的叔叔就给他起了个绰号叫"火花"。

火花的学习之路似乎一直都不顺利。八年级的时候,每一门学科他都考得一团糟,进入高中后,物理、语文、数学、英语等学科也总是考不及格。在体育方面,火花的

第四章 正确检验学习成效

表现也同样惨不忍睹——他倒是加入了高尔夫球队,但从没取得过能入眼的成绩。

不管做什么,火花似乎都不太成功。然而,实际上并不是这样的,火花喜欢画画。尽管向校刊投稿的漫画没有成功发表,毕业后去迪士尼工作室应聘也被拒绝了,但是,火花仍对自己充满信心,并没有放弃。

火花决定用漫画来向大家讲述自己的生活故事——一个成绩不好、屡屡受挫的小男孩勇敢地承受着生活的磨难,不放弃努力,最终获得幸福生活的故事。

这个男孩的名字是查理·布朗——这个名字其实也不是火花的真名,他真正的名字是查尔斯·舒尔茨。他的连环漫画《花生》迅速地流行开来。很快,他曾身处的痛苦旋涡和尴尬处境让全世界与他有类似经历的人都感同身受。

由此,查尔斯·舒尔茨从一个失败者成为一个非常成功的漫画家。他的坚毅、勤奋和自信促使他踏上了成功的高地。

查尔斯·舒尔茨

读完这则故事后，你有什么收获？相信你会懂得，没有人会永远失败。没能成功的确让人遗憾，但这只是暂时的；并且，失败其实也给了你机会，让你能积累更多的知识与经验，以便更多、更好地发展自我。

人生赢家

成为反思型学习者

在测验或考试中做错题、考得不好，是任何人都可能遇到的。有些人会因此"躺平"认输，认为自己是一个不

第四章 正确检验学习成效

成功的人或彻底的失败者；另一些人则坚持不懈地努力，反思自己存在的问题，决心下一次完成得更好。后者就是我们说的反思型学习者。

成为反思型学习者能使我们获益良多，譬如，帮助我们认识到自己是谁（现在），来自哪里（过去），以及能走多远（未来），为接下来的考试或生活做好准备。

反思型学习者

故事启示录

眼前的光亮意味着光明的未来？

有一位很有前途的青年音乐人名叫戴夫，他的志向是在音乐事业上取得巨大的成功。他的同龄人和老师都觉得

他很有才华，前途光明。戴夫清楚自己所拥有的天赋和资源，相信成功离自己不会太遥远。

果然，戴夫得到了唱片公司的青睐，很快就成名了。可是，尽管他与这家大公司签了约，但他的梦想并没有真正实现——专辑销量平平，演唱会安排起来也困难重重。

戴夫自尊心很强，遭遇到的一系列挫折对他产生了极大的冲击。一方面，他很迷茫、失落；另一方面，他的骄傲让他无法直面自己的弱点，不愿求助于别人。种种心理冲突令戴夫开始怀疑自己，甚至想放弃自己的音乐事业。

戴夫的好朋友琼斯听到了这个消息，决定帮助他。知

才华横溢的戴夫

第四章 正确检验学习成效

道戴夫不容易接受直接的批评,他换了一种做法。作为一名音乐制作人,琼斯轻松地预订到了一个音乐会大厅,并告诉戴夫许多观众等着观看他的表演。

戴夫到达时,发现大厅和舞台都是空的。正在惊讶之际,音响设备中发出了声音:

"戴夫,请到舞台上去。"

戴夫困惑地走上舞台,站在中央,想知道接下来会发生什么。

突然,灯亮了,舞台聚光灯照到了他身上。他感觉自己就是这个舞台的中心,好像正在自己的演唱会现场表演一样。越来越多的灯亮了,他兴奋起来。当灯光变得太刺眼的时候,戴夫不得不伸出手来遮住自己的眼睛。

"你还能看清楚前方吗,戴夫?"声音又响了起来。

"开什么玩笑,我怎么可能看得到?所有的灯都打在我身上,我连眼睛都无法睁开。"

"说得对。现在请转身。"

戴夫遵照指示,转身避开了灯光。

"现在,你能看清楚吗?"

当眼睛适应光线后,戴夫看到舞台后面的墙上挂着横幅,上面写着:

蒙蔽双眼的光亮

一味地追逐前方的光亮，可能会使你的双眼被蒙蔽。

适时回头看看，反思过往，你的未来之路才会更加明朗。

读完这句话，戴夫意识到了自己的问题。他终于知道自己必须正视、反省自己的缺点并接受他人的帮助，只有这样做，成功才不会再从他的指缝间溜走。

第四章 正确检验学习成效

结论

为了进步和提高，我们需要不断反思、审视自己的学习成效。这样做能让我们更加清楚地认识到自己的弱点、了解自己的长处。

扬长避短

第五章

充分备考得高分

　　学生需要做的考前准备工作既多且杂，容易舍本逐末。为此，作者为学生整理出了其中主要的 4 点：

- 生理方面：健康饮食、适当锻炼、充分休息；
- 心理方面：以积极的心态用具象化的力量勾画出胜利蓝图；
- 情绪管理方面：找准问题再行动，避免产生焦虑情绪；
- 时间管理方面：巧用各类学习工具，合理分配考试中各"版块"的时间。

　　那么，怎么做才能准备充分，在考场上发挥得更加出色呢？一起来看看本章具体传授了哪些高招吧！

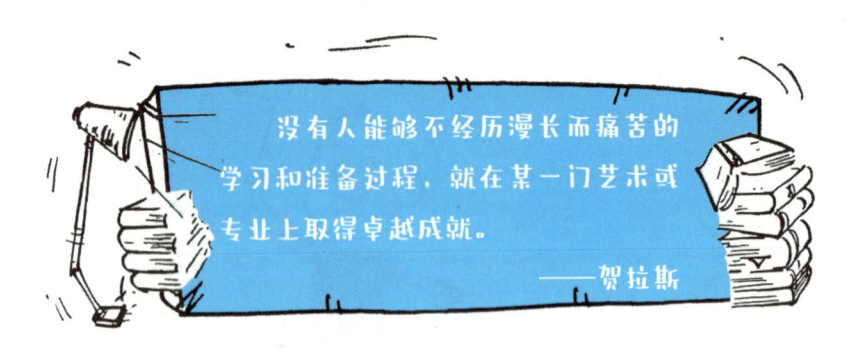

> 没有人能够不经历漫长而痛苦的学习和准备过程,就在某一门艺术或专业上取得卓越成就。
>
> ——贺拉斯

参加考试就像参加一场马拉松比赛。参赛者需要训练、调整身体来适应这项运动,才能安全地跑完全程。这种训练是循序渐进的,可能需要几个月的时间参赛者才能在生理上具备完成整个赛程的能力。

此外,心理准备也同样重要。马拉松运动是距离长、

赛前训练

第五章 充分备考得高分

消耗大的田径项目，在参赛过程中，如果没做好心理准备，跑累的时候，就很容易半途而废。这就意味着，之前为比赛做的准备、付出的时间和精力，都被浪费掉了。

在这种关键的时候，参赛者需要调整好自己的精神状态，提高自制力。有了积极的态度以及不断向目标努力前进的坚强意志，才能顺利跑完全程。

考试也一样，考前准备也包括生理和心理两方面，每个青少年都应该加以重视。

坚强的意志

生理上的准备

第一，健康饮食。

保持身体健康是一切考前准备工作的基础，要想打牢这个基础，我们就要健康饮食。一日三餐，均衡搭配膳食，确保身体合理补充碳水化合物、蛋白质、纤维以及其他营养元素，并且多喝水，保证身体内有充足的水分。这一点对长时间待在开着空调的地方复习的学生来说尤为重要。

第二，适当锻炼身体。

许多人有这样的想法：在复习备考期间，得争分夺秒，哪怕有一丁点时间没用来复习都是极大的浪费。这其实是

健康饮食

一种很常见的错误观点，我们需要适度运动才能保持健康。如果长时间坐着学习，我们的身体可能会感觉酸痛，情绪也更容易紧张。这是身体给大脑发出的一个信号，提醒我们休息时间到了。站起来走走、伸展伸展身体，可以让我们的身心恢复活力。

体育运动

因此，虽然在备考期间，复习是核心任务，应该占据大部分时间，但这并不意味着所有时间都必须用来复习。在制订复习计划时，合理规划，留出充足的运动时间，对学生这个久坐群体来说是非常必要的。

第三，充足的休息和睡眠。

通常情况下，由于复习的内容多，时间又有限，对自己要求较高的学生会加班加点地学习，缩减休息和睡眠时间。这是一种非常不好的做法。大家必须明白，身体不是机器，无法承受过于繁重的工作；即便是机器，也不能超负荷、永不停歇地运转下去。

身体和精神都处于疲惫状态时，坚持学习没有任何意义——在这个阶段，无论学什么，你都无法真正地理解、掌握。因此，合乎情理的做法是休息一下，充充电，等精神焕发再继续整装前行，这样才能走得更远。

心理上的准备

拥有积极的态度是考试成功的关键。

"复习的内容怎么这么多，根本看不完！""这次考试肯定很难，我一定考不及格。"……如果你的脑海中一直盘旋着类似的消极想法，那么你最好趁早消灭它们。这些负面情绪会拖你的后腿，让你在战斗打响之前就竖起了小白旗。

消极的心态会大大降低你的士气。相反，积极的心态可以激励你，让你更加自信。因此，积极的心态必然会催生一系列积极的行为。

保持积极的心态

第五章 充分备考得高分

运用具象化的方法

运动员在训练的过程中,常常会用到具象化的方法,即将制订的战术和会用到的动作在头脑中预演一遍。也就是说,除了现实生活中的训练,他们还会在思维层面进行具象化预演,多方面努力,为成功做足准备。

同样,学生也可以使用具象化的方法来预演考试的场景——想象自己准备充分,沉着应考,最后取得理想的成绩。经过具象化演练,学生真正走进考场后,能更加自信从容地应对,发挥出自己的最佳水平。

绰号"金熊"的杰克·尼克劳斯,是一名杰出的职业高尔夫球员,他赢得了 18 个大满贯,获得了无数荣誉。尼克劳斯在平时的训练中就很喜欢使用具象化的方法。从挥杆到击中目标的每一个环节,他都会在脑海中预演多次,比赛时照着脑中预演的标准击球,获胜的可能性就会大大增加。

"金熊"尼克劳斯

用积极的心态应对压力

压力在当下的生活中不可避免。对一部分人而言，压力代表着负面的情绪，他们将压力视作洪水猛兽，仿佛一不留神自己就会被它耗尽精力。也就是说，对他们而言，压力是消极的，令人沮丧，甚至说得上是"极大的悲伤或痛苦"。

其实，这样的想法是片面的，不利于我们的学习或生活。换个角度看待问题，我们就会发现，适当地承受压力反而能让我们保持警觉，增加动力。如果我们把压力视作正面的情绪，这就能给予我们能量，推动我们奋发前进，

令人痛苦的压力

第五章 充分备考得高分

那么，这种压力就是积极的压力。

既然压力具有两面性，那我们就得好好管理它，尽量回避消极的一面，让积极的一面为我们所用。要想管理好压力，当然不能唉声叹气，我们应该找出造成压力的原因，并采取行动有效化解它。

战胜压力

认清问题

问问自己：压力来源于哪里？怎样做才可以有效地排解或消除它？

一旦确定了压力的来源，我们就需要立即采取行动。例如，如果压力来自工作，你就应该提前制订好时间表，将任务分解，并为每个小任务合理安排完成的期限。

压力的来源

按下"暂停"键

当压力越来越大的时候,我们需要停下来,放松一段时间,避免让自己产生焦虑情绪。我们可以去散散步或者听听喜欢的音乐,让注意力从学习中抽离出来,这对下一阶段的学习会很有帮助。

需要注意的是,我们的目的只是暂时停一停,重整身心,千万别让它成为逃避现实的借口。

合理安排复习时间

考试不只是检验学生对知识的理解程度和应用能力,还考验着学生对时间的管理能力。备考期间复习时间的安排,就体现出了学生的时间管理能力。

开始复习时,我们首先要弄清楚,我们有多少时间可以用来准备考试。随后,我们得查阅考试时间表,将各学科的考试时间安排清楚地记下来。一直以来,有太多的学生记错考试时间,以致考试迟到或错过考试。最好将考试科目的时间安排牢记于心,这是我们制订复习计划的前提。否则,就可能导致复习时间安排不合理、准备不充分,影

第五章 充分备考得高分

时间管理

响我们的考试成绩。因此,这个隐患应该一开始就排除。

倒计时日历

下一步,我们需要创建一个倒计时日历,详细列出我们在备考期间的复习计划。

这里有一个倒计时日历的模板,可供大家参考:

星期一	星期二	星期三	星期四	星期五	星期六	星期日
1	2	3	4	5 开始复习 21	6 20	7 19
8 18	9 17	10 16	11 15	12 14	13 13	14 12
15 11	16 10	17 9	18 8	19 7	20 6	21 5
22 4	23 3	24 2	25 总复习 1	26 考　试 0	27	28
29	30	31				

从这个考试倒计时日历中我们可以清楚地看到，考试是从本月26日开始，我们需要3周的时间来做好复习准备，因此，我们的复习日程从本月5日开始。并且，日历上标出了整个复习阶段的倒计时，方便我们更合理地安排复习进度。

我们需要注意的是，有的内容被安排在前期复习，临

总复习

考时，可能印象已经不太深刻了，因此，在考试前留出一定的总复习时间是很有必要的。

周计划表

相较于阶段计划，周计划能够将复习任务分解成更详细的模块。我们可以在周计划表中列明每日的待办事项以及对应的完成时间。

		星期一	星期二	星期三	星期四	星期五	星期六	星期日
待办事项								
上午	6：00							
	7：00							
	8：00							
	9：00							
	10：00							
	11：00							
	12：00							
下午	1：00							
	2：00							
	3：00							
	4：00							
	5：00							
	6：00							
	7：00							
	8：00							
	9：00							
	10：00							
	11：00							

我们在制订周计划表时，其实就是在提醒自己要合理安排时间、充分利用时间、认真对待任务，因为一旦某项任务没能按时完成，就会影响其他任务的安排。这也意味着，我们必须清楚地知道自己一天能复习多少内容——当然，得以掌握复习内容为前提。

切忌临阵磨枪

许多学生都喜欢这样做：临考才开始疯狂地背记所学内容，然后将它们"热炒热卖"，以应付考试。

这显然不是明智的做法，这不仅会给自己带来更大的压力，并且，有限的几天时间也不足以让我们深入掌握学习内容，自然也就没法长期记住以及灵活运用它们。

对临阵磨枪说"不"

合理安排考试时间

考场上的时间安排、掌控，也体现着学生的时间管理能力。开始考试后，考生就应该根据考题的类型、数量、难易度，将考试总时长分解成几个时间段，让自己心中有数：第一部分大概需要 0.5 个小时，第二部分则需要 1 个小时，第三部分用 15 分钟足以搞定……很多学生之所以没能做完题目，就是因为开考时没有合理地分配时间。

这道题我会做！

将时间按版块分配好后，做题时就要以此为前提，合理把握每道题目的用时。我建议碰到难题先绕过，优先完成简单的考题，避免在一道题上浪费太多时间，因为这样会导致其他容易得分的考题反而没能做完。并且，我们的信心也会在不断完成简单考题的过程中逐渐增强，在最后解决难题的时候，我们就会更加自信，能更好地发挥。

还有一点很重要，在考试过程中，就算碰到了不会做的题也不要留白。也许你没法得出正确的答案，但尽量将相关的定义、公式、答题步骤都写上去，即使只写对了一个公式也可以让你得分，但不回答肯定就一分也拿不到。

需要强调的一点是，检查试卷的时候，除非自己确定，否则不要轻易更改之前得出的答案。

考后别对答案

大部分考生结束考试后都喜欢聚在一起对答案。这是很常见的现象，但我不建议这样做。一旦自己的答案和同学的不一致，我们就会认为自己没考好，备感沮丧，从而

考完别对答案

背上思想包袱，影响接下来的考试。其实此时谁也不知道标准答案是什么，因此，这种做法毫无意义。

我们应该考完一科忘掉一科，走出考场后，让自己放轻松，清空大脑，为下一场考试做好准备。

待所有考试结果公布以后，再运用成绩评审表来回顾考试结果，这远比对答案有用得多。

不要作弊

靠作弊手段通过考试或考得高分，对学生一直都有着诱惑力，对于准备不充分的学生来说尤其如此。

这是真实的成绩吗？

第五章 充分备考得高分

不过，在此我想提醒所有的青少年，千万不要走上这条路。作弊一旦被发现，就会被列入黑名单，严重时还会被学校开除，并且档案中也会留下被处分的记录，这种不光彩的记录会伴随作弊者一生。

即便侥幸过关，面对着成绩单时，他们心中会感到满意和自豪吗？这种不诚实的行为，很可能使得他们在接下来的学习和生活中承受巨大的心理压力，久久无法释怀。

其实，只要平时认真复习，备考阶段科学规划并有效实施复习计划，取得好成绩就是水到渠成的事情，根本没必要使用作弊这样不光彩的手段。

作弊行为不只发生在学生群体中，一些名人也因为作弊而使自己蒙羞。例如癌症幸存者、环法自行车赛冠军兰斯·阿姆斯特朗为了赢得冠军，使用禁用药物来提升自己的爆发力。被检测出来后，阿姆斯特朗被剥夺了参赛资格，他以前取得的成就和做过的公益事业都因这一次作弊而蒙尘。

禁用药物

故事启示录

兔子赛跑

风风和火火是两只热爱赛跑的兔子。平时,他们最喜欢做的事就是互相挑战,看谁跑得更快。风风更加勤奋,为了提高速度,他每天都练习跑步;火火则比较懒散,有兴致的时候他才迈开腿跑一跑。结果可想而知,风风赢的次数远远多于火火。

这天,新的一场比赛开始了。风风和火火一开始表现得势均力敌,但跑了一千米之后,火火就开始感到疲劳。火火发现自己很难追上风风,便想出了一个计策。

比赛开始

第五章　充分备考得高分

动弹不得

到达一个拐弯处时，趁风风没注意，火火改变比赛路线，跑进了旁边的树林。他对这片树林很熟悉，知道有一条捷径可以让他更快到达终点。

火火跑啊跑，想着即将赢得的胜利，乐得边跑边跳。他太开心了，一不留神闯入了泥沼中——昨天的一场大雨使得泥土都淤塞在了这片低洼处。很快，火火就陷进了泥沼中，几乎动弹不得。

与此同时，风风跨过终点线，轻松地完成了比赛。风风转过身来寻觅火火的踪迹，但根本看不见他。10分钟后，火火终于出现了，浑身上下都是泥，狼狈不堪。

火火之所以没能取胜，是由于他没有坚持练习，而选择了抄小路走捷径这样的作弊行为去赢得比赛。最后，他不仅没能得到想要的结果，反而因此损失得更多。

结论

好好熟悉并掌握以上这些建议和方法吧，相信它们能帮助你进一步积累考试经验，提高考试成绩！

考出好成绩

后记

恭喜你读到了这本书的结尾部分!

我希望对你来说这是一次有教益的、充实的阅读体验。通过阅读这本书,你能懂得,设定考试目标只是开始,重要的是下一步——采取行动。

事实上,我们必须采取积极的行动来实现目标,例如,为测验或考试做好准备工作以取得好成绩。希望我在这本书里给出的建议和方法,能让正在备考的你更加轻松一些。

现在你已经读完了这本书,结合本书内容,你可以回想一下自己以前是如何复习、为测验或考试做准备的,试着问问自己:

· 我目前的复习计划是否足以让我取得好的考试成绩?

· 如果不能,哪些地方可以改进,让复习更有成效?

· 对我而言,书中的哪些建议值得采纳或参考?

复习备考是一个持续的过程。取得了一次好成绩,我们不能骄傲自满;如果成绩比预期的差,也不要灰心丧气。

通过不断地回顾、评估自己的复习过程和考试结果，我们就能够在下一次考试中发挥得更加出色。

在结束之前，我再给你们讲一个故事。

黑带意味着什么？

一位武术高手即将结束多年的拜师学艺生涯。这是学艺的最后一天，武术高手跪在师父的面前，等着被授予黑带。黑带是对他刻苦训练及专心学艺的认可，得到黑带，就说明他取得了最高成就。

"你必须再通过一次考试。"在授予他黑带之前，师父这么告诉他。

"我准备好了，师父。"高手回答道。他以为师父要与他进行最后一轮对决。

"那么请回答这个问题：黑带到底意味着什么？"

武术高手感觉万分惊讶，但他认为这只是一个简单的问题，于是自信满满地答道："黑带意味着学艺的结束，是我刻苦练习多年应得的回报。"

师父摇了摇头，严肃地说："这不是正确的答案。看来你并没有做好接受黑带的准备。回去好好练习，一年后再来。"

黑带意味着什么?

武术高手愣住了,只得离开。一年后,他再次回到师父那儿。师父又问了他同样的问题。

经过一年的深思熟虑,武术高手蛮有把握地答道:"黑带是荣誉的象征,代表着武术界最高的成就。"

"看来你还是没准备好,明年再来吧。"师父摇头叹息着走了。

武术高手沮丧极了,迈着沉重的步伐离开,又思考了整整一年。

再次回到师父面前时,他平静地回答:"黑带象征的不是结束,是为了达到更高标准而进行刻苦训练的开始。"

师父微笑着点了点头说:"是的,这就是正确答案。现在，请接受你的黑带并开始你新的征程吧。"

　　就像这位武术高手一样，我们应该认识到，每一个终点实际上都是另一个起点。生命不息，奋斗不止，无论学习还是生活都是如此，当然也包括考试。

　　在此，预祝你考得高分！

参考书目

Dawson, Catherine. 2011. *The Complete Study Skills Guide*. How To Books Ltd: United Kingdom.

Evans, Mike. 2009. *How to Pass Your Exams*. How To Books Ltd: United Kingdom.

Fry, Ron. 2005. *How to Study (6th edition)*. Advantage Quest Publications: Malaysia.

Marshall, Brian. 2002. *The Secrets of Getting Better Grades (2nd edition)*. JIST Publishing, Inc.: United States of America.

Palmer, Richard. 2008. *Passing Your Weak Subjects*. Routledge: United States of America.

Paul, Kevin. 2009. *Study Smarter, Not Harder*. Self-Counsel Press: United States of America.

Burnell, Ivan. 1998. *The Power of Positive Doing*. Goodwill Publishing House: India.

Frank, Steven. 2004. *Study Secrets*. Advantage Quest Publications: Malaysia.

Frank, Steven. 2004. *Test Taking Secrets*. Advantage Quest Publications: Malaysia.

Fry, Ron. 2007. *Last Minute Study Tips*. Advantage Quest Publications: Malaysia.

Kesselman-Turkel, Judi, Peterson, Franklynn. 2004. *Test-Taking Strategies*. University of Wisconsin Press: United States of America.

Martin, Curly. 2008. *The Personal Success Handbook*. Crown House Publishing Limited: United Kingdom.

O'Hara, Shelley. 2006. *Improving Your Study Skills*. Wiley Publishing, Inc: United States of America.

Weisman, Stefanie. 2013. *The Secrets of Top Students: Tips, Tools and Techniques for Acing High School and College*. Sourcebooks: United States of America.

索 引

（据英文所在页码排序，出现过的单词或短语不再重复列出）

页码	英 文	文中释义
003	EXAMS	考试
	TESTS	测验
	LIFE	生活
004	HEALTH TONIC	滋补品
011	FOCUS	重点
012	HARDWORK	努力学习
016	DRIFTING MIND	神思恍惚
017	BORED	无趣的
018	PROBLEM	问题
019	CRITICAL	批评的
020	REASONS	原因，理由
021	SCRATCH	挠
022	CLEAR	清晰的
023	YOURS TRULY	类似于此致敬礼
025	PRACTICE	练习
	INTEREST	兴趣
	DRIVE	动力
027	PLAN	计划
030	ORGANISE	组织
031	OVERLOAD	超载
032	INFORMATION	信息，资料
038	BASIC SKILLS	基本的技能
	EXAM EXCELLENCE	优异的成绩
041	BIG	大的
042	MATH	数学
	SCIENCE	科学
	HOW?	如何（考）?

页码	英　文	文中释义
043	LANGUAGE	语言
051	MIDNIGHT	半夜
056	SUMMARY	总结，摘要
057	CONTENT	内容
	YES!	太棒了！
060	SKILLS	技能
062	CONSISTENCY	坚持
066	PERMANENT	持续的
068	WELL-PREPARED	准备充分的
070	RESULTS	成绩
076	NO TIME!	没时间了！
080	MISTAKE	错误
081	NOTEBOOK	笔记本
082	NEXT TIME!	下次！
084	WINNER	赢家
089	FLAWS	缺陷
	STRENGTHS	长处
093	I CAN DO IT!	我能做到！
096	POSITIVE	积极的
098	DISTRESS	痛苦的
099	STRESS	压力
106	CONFIDENCE	信心，把握

致　谢

我要感谢以下各位，是你们给我的生活带来重要影响，帮助我克服在创作本书的过程中遇到的困难。排名不分先后：

我至爱的妻子 Pauline（宝琳）。

我甜蜜可人的女儿 RaeAnne（瑞安）和 Raelynn（瑞莲）。

我亲爱的父母。

我所有的老师和导师，尤其是 Ho Chee Lick（何志立）教授、Paulin Straughan（波林·斯特劳恩）教授、Kay Moulmein（凯·莫梅恩）教授和 Linda Thompson（琳达·汤普森）教授。

我在新加坡义安小学、德明政府中学、维多利亚初级学院、新加坡国立大学与南洋理工大学上学时期的朋友们和伙伴们。

维多利亚初级学院的朋友们及同事们。

维多利亚初级学院前任及现任校长：Ek soo Ben

（艾克·秀·本）女士、Lee Phui Mun（李佩文）夫人、Chan Khah Gek（陈嘉庚）夫人和 Chan Poh Meng（陈德孟）先生，以及副校长 Lam Yui-P'ng（林育朋）先生、Gurusharan Singh（格鲁沙兰·辛格）先生以及 Chua Nga Woon（蔡美儿）夫人。

还有一群特殊的人：Adam Khoo（邱缘安）、Stuart Tan（斯图亚特·谭）、Conrad Alvin Lim（康拉德·艾文·林）、Gary Lee（李智辉）、Merry（梅丽）、Alva（艾娃）、Rita Emmett（丽塔·艾米特）、Khoo Siew Chiow（邱瑞昭）、Elim Chew（周士锦）、Cayden Chang（凯顿·张）、Sean Seah（谢伟安）、Ivan Loh（伊凡·洛）、Mark Chew（马克·丘）、Grace Tan（格雷斯·谭）与 Johnson Lee（李思捷），他们仍然在不断影响和激励着我！

感谢 Jonathan Lim（乔纳森·林）为这本书写的精彩前言。

还要感谢我过去和现在的学生们，希望你们为了获得更大的成功继续奋斗。把握现在，未来可期！

最后的但并非不重要的，还有那些以不同的方式影响了我的生活的人。

你们存在于我心灵的某个地方，我将永志不忘。